AF297600

LE CONSEIL D'ÉTAT

SOUS LES DIFFÉRENTES CONSTITUTIONS

JUSTICE ADMINISTRATIVE

DÉCENTRALISATION

LIBERTÉ — ÉGALITÉ — FRATERNITÉ

PAR

Alphonse HASTRON

JUGE SUPPLÉANT PRÈS LE TRIBUNAL DE PREMIÈRE INSTANCE DE TONNERRE

Officier de Réserve, Adjoint du Service de Santé

Chevalier de l'Ordre Royal du Cambodge

TONNERRE

TYPOGRAPHIE & LITHOGRAPHIE G. ROY

4, RUE DE L'ANCIEN-COLLÈGE, 4

1891

LE CONSEIL D'ÉTAT

SOUS LES DIFFÉRENTES CONSTITUTIONS

JUSTICE ADMINISTRATIVE

DÉCENTRALISATION

LIBERTÉ — ÉGALITÉ — FRATERNITÉ

PAR

ALPHONSE HASTRON

JUGE SUPPLÉANT PRÈS LE TRIBUNAL DE PREMIÈRE INSTANCE DE TONNERRE

Officier de Réserve, Adjoint du Service de Santé

Chevalier de l'Ordre Royal du Cambodge

TONNERRE

TYPOGRAPHIE & LITHOGRAPHIE G. ROY

4, RUE DE L'ANCIEN-COLLÈGE, 4

—

1891

LE CONSEIL D'ÉTAT

SOUS LES DIFFÉRENTES CONSTITUTIONS

TITRE I

CHAPITRE PREMIER

*Du rôle et des attributions du Conseil d'État
sous les différentes Constitutions.
Du rôle et des attributions du Conseil d'État actuel.*

Sous l'ancienne monarchie, il existait un Conseil du Roi ou Conseil d'État, mais la véritable origine du Conseil d'État se trouve dans l'article 52 de la Constitution du 22 Frimaire an VIII, qui pose en principe que sous la direction des Consuls un Conseil d'État sera chargé de rédiger les projets de loi et les règlements d'administration publique, et de résoudre les difficultés qui s'élèveront en matière contentieuse.

Dans ces dispositions se trouvent réunies toutes les attributions que le Conseil d'État a exercées depuis, avec plus ou moins d'étendue, suivant l'influence des divers régimes politiques qui se sont succédés.

Ainsi, les attributions du Conseil d'État étaient, sous le Consulat et l'Empire, législatives, administratives et contentieuses. Il participait : à la confection des lois, en rédigeant les projets de loi et en en soutenant la discussion devant le Corps Législatif ; à l'administration, en rédigeant les projets de règlements d'administration publique. Enfin, il est investi de la juridiction suprême en matière contentieuse administrative. Mais, dans tous les cas, le Conseil d'État n'avait pas de pouvoir propre, et n'était qu'un Conseil chargé d'éclairer le Gouvernement et de préparer les décisions qui doivent être soumises à l'approbation du Chef de l'État.

Un règlement du 5 Nivôse an VIII, investit également le Conseil d'État de la mission d'interpréter obligatoirement le sens des lois et de statuer sur les conflits qui pouvaient s'élever entre l'Administration et les Tribunaux.

Le Conseil d'État se composait de 30 à 40 membres. Il était divisé en cinq sections. Il délibérait en sections et en assemblée générale. Les Ministres avaient rang et séance à l'assemblée générale, mais sans voix délibérative. Mais bientôt le Sénatus-Consulte du 16 Thermidor an X donna aux Ministres, non-seulement rang et séance, mais aussi voix délibérative. Vers la même époque, furent créés les Conseillers d'État hors sections, choisis parmi les hauts fonctionnaires dans l'ordre administratif.

Plus tard, l'arrêté du 18 Germinal an XI créa les Auditeurs auprès des Ministres et du Conseil d'État. Ils étaient chargés de développer, dans les sections du Conseil d'État, les motifs des propositions faites par les Ministres.

Sous l'Empire, deux décrets très importants du 11 Juin et du 22 Juillet 1806, vinrent compléter l'institution du Conseil d'État, principalement au point de vue des attributions contentieuses.

Le décret du 11 Juin 1806 créa :

Les Maîtres des Requêtes, destinés à faire le rapport des affaires contentieuses et à prendre part à la discussion de toutes les affaires portées devant le Conseil d'État ;

Une Commission du contentieux, chargée de la préparation et de l'instruction des affaires contentieuses, composée de six Maîtres des Requêtes et de six Auditeurs, et présidée par le Ministre de la Justice ;

Les Avocats au Conseil, chargés de représenter les parties en matière contentieuse, et ayant seuls le droit de signer leurs requêtes et mémoires.

Enfin, le décret du 22 Juillet 1806 établit un règlement général de procédure en matière contentieuse ; ce règlement est encore en vigueur, et il a été formellement maintenu par la loi du 24 Mai 1872. Il constitue un véritable Code de procédure devant le Conseil d'État.

Le Conseil d'État du Consulat et de l'Empire eut un grand caractère d'unité et de puissance ; ses pouvoirs en matière contentieuse étaient très étendus, puisqu'ils s'appliquaient à toutes les affaires décidées par les Conseils de Préfecture et par les Ministres, et aussi, d'après la jurisprudence, aux actes d'administration entachés d'incompétence ou d'excès de pouvoir. Mais, en fait, ces pouvoirs ne s'exerçaient que dans une mesure assez restreinte ; les règles des recours étaient encore peu connues ; le ministère des avocats était requis dans toutes les affaires, et il avait pour effet d'éloigner, à raison des frais, les réclamations qui ne présentaient qu'un modique intérêt pécuniaire.

En résumé, comme dit M. de Cormenin, le Conseil d'État devint le contrôleur plutôt que l'auxiliaire, et le supérieur plutôt que l'égal des Ministres, le suprême Tribunal de la justice administrative et le véritable législateur.

La Restauration a été une période difficile pour la justice administrative et, en particulier, pour le Conseil d'État.

Sous le système représentatif, avec la parole et la discussion restituées aux Chambres, avec le principe de la responsabilité ministérielle, le Conseil d'État perdit son caractère politique.

Le Conseil d'État fut dépouillé de sa participation

à la puissance législative ; il cessa d'avoir la suprématie sur les Ministres, dont il ne fut plus que l'auxiliaire. Les Auditeurs furent supprimés par l'ordonnance du 23 Août 1815.

Enfin, diverses ordonnances tendaient à restreindre le rôle du Conseil d'État, en permettant au roi d'évoquer devant le Conseil des Ministres, dit Conseil d'en haut, toutes les affaires contentieuses de l'administration qui se liaient à des vues d'intérêt général. Le jugement des affaires était renvoyé à l'Assemblée générale du Conseil d'État, à laquelle prenaient part, non-seulement tous les Membres du service ordinaire, mais encore les Ministres, les Conseillers d'État en service extraordinaire et même les Membres du Conseil d'État qui avaient concouru, soit dans les Comités, soit dans les Ministères, à la préparation de la décision attaquée.

Au lendemain de la Révolution de 1830, d'importantes améliorations furent introduites dans le fonctionnement du Conseil d'État ; deux ordonnances du 2 Février et du 12 Mars 1831 consacrèrent plusieurs innovations importantes :

Les séances du Conseil d'État délibérant au contentieux devinrent des audiences publiques où les avocats furent admis à présenter des observations orales. Un ministère public, composé de trois Maîtres des Requêtes, Commissaires du Roi, fut institué et reçut mission de conclure à l'audience dans toutes les affaires.

Le Comité du Contentieux, appelé Comité de Justice administrative, fut divisé en deux sections, composées chacune de cinq Conseillers d'État.

Les Conseillers d'État en service extraordinaire n'eurent plus le droit de prendre part aux délibérations du Conseil en matière contentieuse ; en furent également écartés, les Membres du service ordinaire appartenant aux Comités qui avaient délibéré sur les décisions attaquées par la voie contentieuse.

Les réformes consacrées par les ordonnances de 1831 le furent de nouveau par l'ordonnance du 18 Septembre 1839, qui supprime la division du Comité du contentieux en deux sections, et le compose de quatre Conseillers d'État, douze Maîtres des Requêtes et douze auditeurs ; la Présidence du Comité est conférée au Vice-Président du Conseil d'État.

Depuis longtemps, le Conseil d'État était l'objet d'attaques assez vives ; on prétendait que ni la Charte de 1814 ni celle de 1830 n'en *faisait* mention, et que cette institution était illégale et inconstitutionnelle. Ce fut pour répondre à ces critiques que l'on substitua le régime de la loi au régime des ordonnances.

La loi du 19 Juillet 1845, reproduisant les principes de l'ordonnance de 1839, vint consacrer l'institution du Conseil d'État comme rouage constitutionnel.

D'après cette loi, le Conseil d'État se composait des Ministres, de Conseillers d'État, de Maîtres des Requêtes et d'Auditeurs. Il était présidé par le Garde des Sceaux et, en son absence, par un Vice-Président nommé par le Roi. On distinguait le service ordinaire et le service extraordinaire.

Mais le Conseil d'État n'avait toujours qu'un pouvoir consultatif. Il pouvait être appelé à donner son avis sur les projets de loi ou d'ordonnance et sur les questions qui lui étaient soumises par les Ministres. Il donnait nécessairement son avis sur les ordonnances portant règlement d'administration publique ou rendues en la forme de ces règlements, enfin il proposait les ordonnances qui statuaient sur les affaires administratives ou contentieuses, dont l'examen lui était déféré par des dispositions législatives ou réglementaires.

Le Conseil d'État conservait ainsi ses attributions législatives, administratives et contentieuses, mais, en matière législative, son rôle était considérablement réduit.

Toutefois, en matière contentieuse, ses Conseils prirent un peu plus d'autorité. Le Roi ne pouvait s'en écarter et prendre une décision contraire à ses propositions que par une ordonnance motivée, rendue en Conseil des Ministres et insérée au *Moniteur* et au *Bulletin des Lois*.

La Constitution de 1848 donna au Conseil d'État un caractère nouveau. Aux termes de la loi du 3 Mars 1849, le Conseil d'État était présidé par le Vice-Président de la République, il se composait de membres nommés pour six ans par l'Assemblée Nationale elle-même et renouvelés par moitié tous les trois ans, au commencement de chaque législature.

Le Conseil d'État devait ainsi se trouver associé à l'existence et à l'esprit de chaque assemblée.

Pour la première fois, depuis l'an VIII, le jugement des conflits d'attribution entre l'autorité administrative et l'autorité judiciaire est retiré au Conseil d'État et confié à un Tribunal spécial, le Tribunal des Conflits.

Les Ministres conservent leur entrée au Conseil, mais sans voix délibérative ; le service extraordinaire est supprimé. Enfin, le Conseil d'État est divisé en trois sections ; section de législation, section d'administration et section du contentieux, qui correspondent à ses trois sortes d'attributions : législatives, administratives et contentieuses.

En matière législative, le Conseil d'État devait être consulté sur tous les projets de loi du Gouvernement, sauf quelques exceptions. Il n'était consulté sur les projets d'initiative parlementaire que si l'Assemblée Nationale jugeait à propos de les lui renvoyer.

En matière administrative, il était principalement chargé :

De faire des règlements d'administration publique avec pouvoir propre, dans tous les cas où il avait reçu délégation spéciale de la loi à cet égard ; dans les autres cas, de préparer les règlements qui devaient ensuite être soumis à l'approbation du pouvoir exécutif;

De donner son avis sur toutes les questions qui lui étaient soumises par le Président de la République et par les Ministres;

De donner nécessairement son avis sur l'exercice du droit de grâce, sur la révocation des agents du pouvoir exécutif élus par les citoyens et sur la dissolution des Conseils Généraux, d'Arrondissement et Municipaux.

En matière contentieuse, il statuait en dernier ressort sur le contentieux administratif, mais à la différence de de ce qui avait lieu précédemment, le Conseil d'État avait un pouvoir de décision propre, et la section du contentieux seule rendait définitivement le jugement, de la même manière que les tribunaux judiciaires. La Justice administrative n'était plus retenue, comme autrefois, par le chef de l'Etat, elle était déléguée comme la Justice ordinaire.

Sous la Constitution de 1852 et sous le second Empire, le Conseil d'État fut réorganisé conformément aux traditions du premier Empire, en conservant toutefois la plupart des réformes adoptées sous la Monarchie de Juillet. Le décret du 25 Janvier 1852 le chargea de nouveau, sous la direction du Président de la République, de rédiger les projets de loi et d'en soutenir la discussion devant le corps législatif; de proposer les décrets statuant sur les affaires administratives dont l'examen leur était déféré par la loi ou par un jugement; sur le contentieux administratif, et de statuer sur les conflits d'attribution entre l'autorité administrative et l'autorité judiciaire.

Tous les membres étaient nommés par le Chef de l'État; les Ministres avaient rang, séance et voix délibérative au Conseil d'État. Il était présidé par le Chef de l'État et, à son défaut, par le Vice-Président du Conseil d'État.

Ses attributions étaient toujours législatives, administratives et contentieuses ; mais, dans tous les cas, il n'avait pas de pouvoir propre.

Spécialement en matière contentieuse, une innovation importante était introduite. La section du contentieux jugeait directement les affaires pour lesquelles il n'y avait pas eu constitution d'avocat ; quant aux autres affaires contentieuses, elles étaient jugées en séance publique du Conseil d'État, délibérant au contentieux, par une assemblée composée de membres de la section du contentieux, auxquels étaient adjoints deux membres de chacune des autres sections.

Vers la fin de l'Empire, le Sénatus-Consulte du 8 Septembre 1869, qui rendait au corps législatif l'initiative des lois, vint diminuer l'influence du Conseil d'État en matière législative. Son rôle fut réduit à donner un avis lorsque le Gouvernement et la Commission du corps législatif n'étaient pas d'accord.

Après le 4 Septembre 1870, le Gouvernement de la défense nationale institua une Commission provisoire chargée de remplacer le Conseil d'État et d'expédier les affaires urgentes. Cette Commission a fonctionné jusqu'au moment où le Conseil d'État a été réorganisé par la loi du 24 Mai 1872, qui forme la législation actuelle, sauf les modifications apportées par les lois postérieures du 1er Août 1874, 1er Juillet 1875, 13 Juillet 1879, 1er Juillet 1887 et 30 Octobre 1888.

Le Conseil d'État actuel se compose de trente-deux Conseillers d'État en service ordinaire, dix-huit Conseillers en service extraordinaire, avec voix consultative, trente maîtres des Requêtes et trente-six Auditeurs. Il est présidé par le Garde des Sceaux et, en son absence, par un Vice-Président nommé par le Président de la République. Les Ministres ont rang et séance au Conseil d'État, mais ils n'ont plus voix délibérative.

Comme celle de 1848, la loi du 24 Mai 1872 avait

réservé à l'Assemblée Nationale le droit de nommer les Conseillers d'Etat, mais ce système de nomination fut abrogé par la loi constitutionnelle du 25 Février 1875, qui remet la nomination des Conseillers d'État au Président de la République.

Le Conseil d'État est divisé en cinq sections; le Garde des Sceaux a voix délibérative toutes les fois qu'il préside, soit l'Assemblée générale, soit les sections, sauf à la section du Contentieux, qu'il ne peut pas présider.

Le Conseil d'État a toujours eu, depuis sa création, des attributions législatives, administratives et contentieuses.

Aujourd'hui, comme sous la Monarchie constitutionnelle, le Conseil d'État n'est pas un instrument nécessaire à la confection des lois; son intervention est purement facultative.

Dans l'exercice de ses attributions législatives et administratives, le Conseil d'État n'a encore qu'un pouvoir consultatif; il donne seulement des avis, qui, en matière législative, sont toujours facultatifs, en ce sens qu'ils peuvent ou non lui être demandés, et qui, en matière administrative, sont tantôt nécessaires, c'est-à-dire obligatoirement exigés, sous peine d'excès de pouvoir, et tantôt facultatifs; mais, dans l'un ou l'autre cas, ces avis ne lient jamais l'autorité qui les a demandés et qui est toujours libre de s'en écarter.

Dans l'exercice de ses attributions contentieuses, le Conseil d'État, au contraire, a un pouvoir de décision propre; il constitue un Tribunal administratif, rendant des arrêts, des décisions exécutoires par elles-mêmes, comme celles des Tribunaux ordinaires.

En matière législative et administrative, le Conseil d'État procède sans publicité, ni plaidoirie, ni ministère public. Cette triple garantie existe, au contraire, en matière contentieuse depuis 1831.

En matière législative, l'affaire est délibérée en section, et portée à l'Assemblée générale. En matière administrative, les affaires les moins importantes sont délibérées définitivement en section ; les autres sont d'abord examinées par la section compétente et portées ensuite à l'Assemblée générale. En matière contentieuse, ce n'est qu'exceptionnellement que l'affaire est délibérée par la seule section du contentieux ; ordinairement l'affaire est portée à l'Assemblée spéciale du contentieux.

Les attributions législatives du Conseil d'État sont aujourd'hui très restreintes. Il donne seulement son avis sur les projets d'initiative parlementaire que les Chambres jugent à propos de lui renvoyer, et sur les projets de loi préparés par le Gouvernement et qu'un décret spécial ordonne de soumettre au Conseil d'État.

En matière purement administrative, les attributions du Conseil d'État sont nombreuses et diverses, mais, comme en matière législative, il ne fait qu'émettre des avis, dont le Gouvernement reste libre de s'écarter.

L'intervention du Conseil d'État est, en principe, facultative pour le Gouvernement, qui peut toujours le consulter.

Dans des cas nombreux, cependant, son intervention est nécessaire. Le Conseil d'État est nécessairement appelé à donner son avis sur les règlements d'administration publique et sur les décrets rendus dans la forme de ces règlements. Dans le cas où le Conseil d'État n'aurait pas été consulté dans une matière où son intervention était nécessaire, l'acte rendu serait illégal et pourrait être attaqué pour excès de pouvoir.

Les attributions contentieuses du Conseil d'État se réfèrent à la mission de juge. Elles supposent des réclamations qui s'appuient sur un droit méconnu et sur lesquelles le Conseil d'État est appelé à statuer comme Tribunal administratif. En matière contentieuse, d'après la loi du 24 Mai 1872, le Conseil d'État, comme sous la

République de 1848, est investi d'un pouvoir de décision propre. De même qu'en 1848, la loi de 1872 a
retiré au Conseil d'État la connaissance des conflits
d'attributions, pour l'attribuer à un Tribunal spécial,
appelé le Tribunal des Conflits.

En matière contentieuse, le Conseil d'État peut être
envisagé à trois points de vue : il joue tantôt le rôle de
juge en premier et dernier ressort, tantôt le rôle de juge
d'appel et tantôt le rôle de Tribunal de cassation. Dans
les deux premiers cas, il est investi d'un droit de réfor-
mation complet, il substitue sa propre décision à l'acte
ou à la décision attaquée : dans le troisième cas, il se
borne à annuler l'acte attaqué, sans pouvoir y substituer sa propre décision.

Comme juge de premier et dernier ressort, le Conseil d'État est appelé à prononcer : sur les recours formés contre les actes du Chef de l'État qui violent un
droit existant au profit du réclamant, et sur les deman-
des en interprétation des décrets du Chef de l'État ou
des Gouvernements antérieurs ; sur les recours formés
contre les décisions ministérielles qui blessent des
droits privés, comme les décisions portant liquidation
de pension de retraite, de créances envers l'État, etc.

Enfin, sur les recours qui, en vertu de textes spéciaux, doivent être portés directement devant le Conseil d'État.

Comme juge d'appel, le Conseil d'État statue sur
les recours formés contre les décisions contentieuses
des Conseils de Préfecture; des juridictions administratives des colonies et de l'Algérie, et des Commissions spéciales de plus-value ; enfin, pour ceux qui
reconnaissent les Ministres comme juges sur les recours
formés contre les décisions contentieuses des Ministres.

Enfin, le Conseil d'État statue comme Tribunal de
cassation sur les recours formés pour excès de pouvoir contre les actes de tous les agents de l'administra-

tion, contre les actes des Conseils et juridictions administratifs rendus en dernier ressort ; sur les recours dirigés pour violation de la loi, contre les décisions rendues en dernier ressort par certaines juridictions administratives, lorsque ce recours est autorisé par un texte de loi ; sur les règlements de juges ou conflits de juridictions qui s'élèvent entre deux autorités administratives en matière contentieuse ; sur les pourvois formés dans l'intérêt de la loi par les Ministres contre les décisions rendues par la juridiction administrative et dont l'annulation n'aurait pas été demandée par les parties.

Telles sont, d'une façon sommaire, les attributions contentieuses du Conseil d'État qui, comme nous le voyons, sont les plus importantes. Aussi, en raison de l'importance de ces attributions, croyons-nous ne pas devoir abandonner ce sujet sans donner quelques explications du contentieux administratif et de la justice administrative ; c'est ce qui fera l'objet du chapitre suivant.

CHAPITRE II

JUSTICE ADMINISTRATIVE

Son origine dans notre droit moderne
Ses développements
Domaine propre de la Juridiction Administrative

La juridiction administrative ne présente pas, dans son organisation, la même régularité et la même harmonie que la juridiction civile ou criminelle. C'est que ces deux dernières sont sorties complètes des mains du législateur, tandis que la juridiction administrative ne s'est formée qu'au fur et à mesure que les besoins administratifs se sont manifestés.

L'Assemblée Constituante, qui avait été témoin des empiétements du pouvoir judiciaire sur le pouvoir administratif, proclama le principe de la séparation des pouvoirs, et, dans la loi des 16-24 Août 1790, décréta que les fonctions judiciaires seront distinctes et demeureront toujours séparées des fonctions administratives; et que les Juges ne pourront, à peine de forfaiture, troubler, de quelque manière que ce soit, les opérations des corps administratifs, ni citer devant eux les Administrateurs pour cause de leurs fonctions.

Cette interdiction est une des règles les plus anciennes de notre droit public. Avant d'être formulée par les lois de la Constituante et de la Convention, elle l'a été dans les Édits et les déclarations des Rois de France. Et, lorsqu'on rapproche ces différents textes, on y retrouve, malgré la différence des époques et du droit public en vigueur, les mêmes idées. Cela tient à ce que les différents régimes qui se sont succédés ont considéré, comme une nécessité de Gouvernement d'assurer l'indépendance des administrations publiques à l'égard des corps judiciaires.

Aussi, l'attribution du contentieux administratif à l'autorité administrative ou à des juridictions spéciales, a-t-elle été admise depuis 1789 comme une application normale du principe de la séparation des pouvoirs. Toutefois l'institution des Tribunaux administratifs ne fut pas réalisée immédiatement. Dans le projet de loi des 16-24 Août 1790, le Comité de Constitution avait proposé la création, dans chaque département, d'un Tribunal administratif, mais cette idée fut écartée, et l'Assemblée estima que les représentants de l'Administration active : Gouvernement central, Directoires de Départements, Commissions spéciales, étaient suffisamment aptes à prononcer sur les réclamations en matière administrative. Pendant toute la période révolutionnaire, le contentieux de l'administration se confond avec l'administration même et relève dés mêmes autorités. L'organisation de Tribunaux administratifs, séparés de l'administration active, ne commence à se dessiner qu'à partir de l'an VIII.

La Constitution de l'an VIII, sans enlever aux Ministres leur pouvoir juridictionnel, créa le Conseil d'État, qu'elle chargea de résoudre, sous la direction des Consuls, les difficultés qui s'élèveraient en matière administrative. Plus tard, la loi du 28 Pluviôse an VIII sépara dans le sein des administrations locales l'action, la délibération et la juridiction. Elle confia la juridiction à un Conseil de Préfecture institué au chef-lieu de chaque département. Sous l'Empire fut créée la Cour des Comptes ; et ensuite les Conseils de revision et les Conseils privés des colonies statuant en matière contentieuse. Mais, comme nous l'avons indiqué dans le chapitre précédent, plus d'un demi-siècle s'écoule avant que le Conseil d'État, qui domine l'ensemble des juridictions administratives, exerce un droit de juridiction propre. Il n'est d'abord considéré que comme le Conseil du Chef de l'État, l'assistant dans l'exercice de sa juridiction personnelle. Les deux ordonnances du 2 Février et 12 Mars 1831 consacraient bien deux innovations importantes : la publicité des audiences et le débat oral à l'image des Tribunaux judiciaires. Ce n'est qu'en 1849 que le Conseil d'État a un droit de juridiction propre, que lui reconnaît, pour la première fois, la loi du 3 Mars de la même année. Enfin, ce droit lui a été reconnu de nouveau et est consacré définitivement par la loi du 24 Mai 1872, après lui avoir été retiré pendant le second Empire.

Ainsi se trouve complétée l'évolution accomplie par la juridiction administrative, d'abord confondue avec l'administration proprement dite, puis confiée à des Corps consultatifs qui se transforment progressivement en Tribunaux.

On peut toutefois se demander si notre législation a laissé subsister, à côté de cette organisation juridictionnelle, une organisation toute différente, dans laquelle des représentants de l'administration active, les Ministres, et même les Préfets et les Maires, exerceraient une véritable juridiction en matière contentieuse ; les auteurs sont également partagés sur le point de savoir si les Ministres ne sont pas aussi les juges ordinaires du contentieux administratif.

Les Tribunaux administratifs peuvent être classés de différentes manières, suivant le point de vue sous lequel on les considère. Au point de vue de leurs attributions, ils sont généraux ou spéciaux. Ainsi, le Conseil d'État et les Conseils de Préfecture connaissent de matières plus ou moins nombreuses, sans affinité entre elles ; ce sont des Tribunaux administratifs généraux, par opposition à certains autres Tribunaux administratifs qui ne connaissent que de matières spéciales, tels que la Cour des Comptes, les Tribunaux universitaires, les Conseils de révision, etc.

Enfin, au point de vue des degrés de juridiction, les Tribunaux administratifs jugent tantôt en premier ressort, tantôt en dernier ressort et tantôt en premier et dernier ressort.

Le domaine propre de la juridiction administrative, est ce qu'on appelle le contentieux administratif, c'est-à-dire l'ensemble des contestations juridiques qui s'élèvent entre l'Administration et les particuliers à l'occasion d'un acte administratif ou d'un contrat administratif.

Une première condition, pour qu'il y ait contentieux administratif, c'est qu'il s'agisse d'une contestation juridique, c'est-à-dire d'une réclamation fondée sur la violation d'un droit acquis et non sur le froissement d'un simple intérêt.

Il faut, de plus, que la contestation s'élève à propos d'un acte administratif ou d'un contrat administratif.

Parmi les contestations qui relèvent du contentieux administratif, les uns lui appartiennent par leur nature, les autres par la détermination de la loi. Les premières sont celles qui ont pour objet des actes de la puissance publique, ou des opérations de nature administrative, telles que les opérations électorales, le recrutement, la répartition et l'assiette de l'impôt direct. Tout débat qui tend à infirmer ou à modifier les actes et les opérations de cette nature, constitue, par sa nature même, un litige administratif et, par cela seul, il échappe, en principe, à la compétence judiciaire.

Mais il existe aussi un grand nombre d'affaires contentieuses qui n'échappent à la compétence judiciaire qu'en vertu de dispositions législatives. Telles sont les contestations qui intéressent l'administration, non comme puissance publique, mais comme partie contractante.

Enfin, les pouvoirs des Tribunaux administratifs n'ont pas la même nature et la même étendue dans toutes les matières contentieuses. Ils ont, selon les cas : des pouvoirs de pleine juridiction, comportant l'exercice d'un arbitrage complet de fait et de droit sur le litige, ou des pouvoirs d'annulation limités au droit d'annuler les actes administratifs illégaux, sans que le juge administratif ait le droit de les réformer et de leur substituer sa propre décision, ou des pouvoirs d'interprétation consistant uniquement à déterminer le sens et la portée d'un acte administratif ou à apprécier sa valeur légale, sans faire l'application de l'acte aux parties intéressées, ou enfin des pouvoirs de répression consistant à réprimer les infractions commises aux lois et règlements qui protègent le domaine public.

De là, quatre sortes de contentieux administratif :

Contentieux de pleine juridiction ; contentieux d'annulation ; contentieux d'interprétation et contentieux de répression.

La première branche du contentieux administratif comprend de nombreuses catégories d'affaires, dans lesquelles la juridiction administrative exerce les pouvoirs les plus larges. Elle a une mission aussi étendue que celle des Tribunaux judiciaires ; elle juge du fond même des affaires, et peut substituer sa décision à celle qui est attaquée ; elle constate des obligations et prononce des condamnations pécuniaires.

A cette division du contentieux administratif, se rattachent les contestations qui s'élèvent entre l'Administration et les particuliers, au sujet des divers contrats intéressant la marche des services publics, et dont le contentieux a été réservé à la juridiction administrative par des dispositions de loi. Tels sont :

Les marchés de travaux publics ; les marchés de fournitures, mais seulement lorsqu'ils sont passés pour le compte de l'État ; les contrats de vente de biens immeubles appartenant à l'État, et d'une manière générale les conventions d'où résulte une créance contre l'État.

Le contentieux de pleine juridiction comprend encore les débats qui s'élèvent sur les obligations pécuniaires de l'État nées des autres sources d'obligations. Telles sont les réclamations d'indemnité formées contre l'État à raison de faits imputables à l'État ou de fautes commises par ses agents ; celles qui ont pour objet des dommages causés par les travaux publics, occupation temporaire, extraction de matériaux ; telles sont encore les réclamations relatives aux traitements, soldes et pensions des fonctionnaires civils et militaires.

Appartiennent enfin au contentieux de pleine juridiction les contestations qui s'élèvent au sujet d'opérations administratives d'où résultent des obligations ou des droits : assiette et recouvrement de l'impôt direct et des taxes assimilées ; partage de biens communaux ; recrutement ; opérations électorales, etc.

Les actes et décisions de l'administration ayant le caractère d'actes de commandement et de puissance publique, donnent lieu au contentieux d'annulation. Ils ne peuvent pas être revisés et réformés par la juridiction administrative ; ils ne peuvent être qu'annulés, et seulement pour illégalité, non pour inopportunité ou fausse appréciation des faits. La seule action contentieuse qui puisse être portée contre les actes de cette nature, est l'action en annulation pour excès de pouvoir.

Ce recours, pour excès de pouvoir, est une voie d'attaque ouverte contre les actes des autorités administratives, sans distinguer si l'acte émane d'un agent de l'administration, d'un corps délibérant ou d'une juridiction administrative. Il s'applique même aux actes d'administration pure et aux actes réglementaires, à la différence du recours contentieux proprement dit.

L'interprétation litigieuse des actes administratifs

rentre dans le contentieux de ces actes ; par suite, elle est réservée à la juridiction administrative, alors même qu'elle se discute entre parties privées, au cours d'une contestation relevant des Tribunaux judiciaires. Le débat qui s'élève sur l'interprétation de l'acte administratif invoqué dans le litige judiciaire, le tient en suspens jusqu'à ce que la question préjudicielle d'interprétation ait été résolue par le juge compétent. Il en est de même si la contestation engagée devant les Tribunaux judiciaires, au lieu de porter sur l'interprétation de l'acte administratif, porte sur sa validité.

Le contentieux de l'interprétation diffère essentiellement du contentieux d'annulation ; en effet, tandis que le pouvoir d'annulation permet de mettre à néant l'acte, comme conséquence de son illégalité reconnue, le pouvoir d'interprétation ne permet d'émettre qu'une simple déclaration d'invalidité.

Enfin, quant aux contestations qui rentrent dans le contentieux de répression, elles diffèrent des précédentes en ce qu'elles ont pour objet non des actes ou des décisions de l'autorité administrative, mais certains actes émanés de particuliers et dénoncés comme illicites par l'administration qui en requiert la répression.

Ces actes sont ceux qui portent atteinte à l'intégrité et à la destination légale de la grande voirie. L'atteinte portée à ce domaine et à ces ouvrages constitue une infraction spéciale dite contravention de grande voirie, dont la répression et la réparation sont confiées à l'autorité administrative.

C'est un cas exceptionnel, où la juridiction administrative intervient comme juridiction répressive ; alors que toute infraction aux lois et règlements, tout acte illicite suseesptible de répression relève en principe de l'autorité judiciaire.

Il y a toutefois une limite à la règle que tous les actes émanant de l'autorité administrative doivent être interprétés par la juridiction administrative. Certains dépositaires de l'autorité administrative : le Président de la République, les Préfets, les Maires sont investis du droit de faire sur certaines matières des règlements obligatoires pour les citoyens. Ces actes réglementaires, étant faits en vertu d'une délégation du législateur ont le même caractère que la loi qu'ils sont destinés à compléter, et les Tribunaux judiciaires qui ont pour mission d'interpréter la loi par voie doctrinale, devront interpréter de la même manière les règlements, sans qu'il soit besoin de recourir à l'autorité dont ces actes émanent.

La solution sera la même pour les tarifs de certaines taxes qui sont fixées par le pouvoir exécutif en vertu d'une délégation spéciale de la loi, comme les tarifs de droits d'octroi, etc.

Le pouvoir judiciaire sera encore compétent pour interpréter les contrats passés par l'administration avec des tiers, sauf trois exceptions admises pour les marchés de travaux publics, les marchés de fournitures avec l'État et les ventes des domaines nationaux.

Au surplus la juridiction administrative est tenue de surseoir à statuer sur les litiges portés devant elle, lorsqu'ils soulèvent des questions préjudicielles du ressort des Tribunaux judiciaires, telles que questions d'état-civil ou de domicile, questions d'interprétation ou de validité d'actes ou de contrats de droit commun, jusqu'à ce que les Tribunaux judiciaires aient donné l'interprétation.

Nous venons de voir que le sens des actes réglementaires, ayant le même caractère que la loi, doit être interprété par les Tribunaux judiciaires, mais quelle est la voie de recours ouverte contre ces actes ?

Ces actes étant des actes d'administration pure, dans lesquels l'administration se trouve investie d'un pouvoir discrétionnaire, sont à l'abri de tout recours, aussi bien devant la juridiction administrative que devant la juridiction civile, quant à ceux de ces actes qui sont faits en vertu d'une délégation législative ; les autres sont soumis au recours pour excès de pouvoirs devant le Conseil d'État.

Il en est de même à l'égard des actes appelés gouvernementaux, qui ont toujours été mis en dehors de l'administration proprement dite. Or, les Tribunaux administratifs, n'étant chargés de statuer que sur les contestations qui s'élèvent à l'occasion des actes de l'autorité administrative, sont incompétents en ce qui concerne les contestations que soulève l'action gouvernementale. D'autre part, les Tribunaux judiciaires sont également incompétents en cette matière, par suite de la séparation des pouvoirs. Les actes de cette nature ne sont donc susceptibles d'aucun recours contentieux. De plus, ces actes ne sont même pas susceptibles d'être interprétés, ni par les Tribunaux judiciaires, ni par les Tribunaux administratifs, et s'ils présentaient un sens douteux, les Tribunaux qui auraient à les appliquer devraient surseoir à statuer jusqu'à ce que le Gouvernement en ait donné lui-même l'interprétation.

Telles sont les limites de la Justice administrative par rapport à l'autorité judiciaire d'une part et de l'autre aux pouvoirs discrétionnaires de l'Administration et du Gouvernement.

TITRE II

CHAPITRE PREMIER

DÉCENTRALISATION

Modifications successives qui ont eu pour effet de restreindre l'intervention de l'État dans les intérêts locaux ou privés.

L'organisation administrative inaugurée en l'an VIII, bien que profondément modifiée dans les détails par la législation postérieure, subsiste toujours quant aux lignes principales. Le caractère le plus saillant de cette organisation, c'est que, à tous les degrés de la hiérarchie administrative, elle sépare trois éléments que la Constitution de l'an III avait réunis : l'action, la délibération et la juridiction. Elle confie l'action à un agent unique, la délibération à des Conseils et la juridiction à des Tribunaux administratifs.

La Constitution de l'an VIII avait investi le premier Consul de l'action administrative dans toute sa plénitude; tous les Membres de l'administration active, délibérante et contentieuse sont nommés par lui. Un semblant d'élection, ou plutôt un droit de présentation existe bien pour les Conseils de département, d'arrondissement et municipaux, qui devaient être pris sur des listes de confiance, mais, la volonté du Chef de l'État, plus forte que la loi, ne tarda pas à s'en affranchir.

Le Conseil Général est chargé de faire la répartition des contributions directes entre les arrondissements et de voter, dans les limites fixées par la loi, les centimes additionnels départementaux. Il exprime son opinion sur l'état et les besoins du département et l'adresse au Ministre de l'Intérieur.

En ce qui concerne la commune, le Conseil Municipal règle le partage des fruits communs et la répartition des travaux à la charge des habitants; il délibère sur les besoins particuliers et locaux de la municipalité.

Mais ces divers Conseils n'ont qu'une session annuelle, qui dure au plus quinze jours, et leurs délibérations ont tout au plus la force d'un vœu, dont l'administration supérieure peut ne tenir aucun compte.

A partir de la Restauration, la réaction s'est faite contre cet abus de l'unité, et, sous le nom de décentralisation administrative, il s'est produit des théories qui ont réclamé un système départemental et communal, d'après lequel les administrations locales eussent la libre gestion de leurs intérêts et fussent affranchies de la surveillance et du contrôle de l'autorité supérieure. Aussi, le législateur a-t-il pris le sage parti d'introduire dans la loi un système intermédiaire, ayant pour objet de faire disparaître les effets de la centralisation, tout en maintenant notre unité administrative et même en conservant l'organisation de l'an VIII.

La loi du 18 Juillet 1837, sur l'organisation municipale, et la loi du 10 Mai 1838, sur les Conseils généraux et d'arrondissement, ont introduit dans la législation et dans l'administration du pays un élément décisif de décentralisation, en donnant à ces Conseils, devenus électifs depuis les lois du 21 Mars 1831 et du 22 Juin 1833, l'initiative des affaires locales, et en les rendant libres d'empêcher tout acte de la vie civile du département ou de la commune non consenti par eux.

Ainsi, dans cette première période de 1831 à 1838, on rend les Conseils locaux électifs et on leur donne l'initiative ; toutefois, la nécessité d'une autorisation administrative est maintenue pour l'exécution de leurs délibérations.

La loi du 3 Juillet 1848 ne fait que substituer le suffrage universel au suffrage restreint pour l'élection des Conseils locaux, sans toucher à leurs attributions.

Le décret-loi du 25 Mars 1852 enlève à l'administration centrale la solution du plus grand nombre des affaires locales, mais en conservant au pouvoir exécutif, ou même au pouvoir législatif, la solution de certaines de ces affaires, en raison de leur importance et comme se liant plus étroitement aux intérêts de l'État. En un mot, on enlève, en principe, à l'Administration centrale la solution des affaires locales, mais, cependant, on lui laisse, à titre d'exception, la solution des affaires les plus graves.

Mais ce décret et celui du 13 Avril 1861, improprement appelés décrets de décentralisation, n'ont pas eu pour but de donner aux départements et aux communes plus d'autonomie et d'indépendance, ni aux citoyens plus de liberté d'action ; ce sont plutôt des décrets de déconcentration. Ils ont eu simplement pour effet de déplacer l'action ou le contrôle du pouvoir central, en conférant au Préfet un droit de décision ou d'approbation dans les cas très nombreux, où autrefois, il fallait recourir au Ministre ou au Chef de l'État.

La règle de l'approbation est donc maintenue en ce qui concerne les délibérations des Conseils locaux, elle a été simplement transportée du pouvoir central au Préfet.

Ce n'était pas assez, pour opérer une décentralisation effective, de rapprocher des populations, avec les droits de recours et de contrôle hiérarchique, l'autorité chargée d'autoriser l'exécution des délibérations des Conseils électifs. Cette substitution du Préfet au pouvoir central était bien un moyen d'accélérer la marche des affaires, mais elle n'affranchissait dans aucun cas les Conseils électifs de l'autorisation nécessaire pour l'exécution de leurs délibérations. Il fallait pour cela augmenter les attributions de ces Conseils : déjà libres de ne pas faire, on pouvait les rendre libres pour faire ; c'était le pas le plus considérable à réaliser dans la voie de la décentralisation.

C'est, en ce qui concerne les départements, l'œuvre largement commencée par la loi du 18 Juillet 1866 sur les Conseils Généraux, continuée et complétée par la loi du 10 Août 1871, qui a supprimé, sauf certains cas, la mesure dite de tutelle administrative pour la réalisation des actes de la vie civile du département.

En ce qui concerne les communes, c'est l'œuvre de de la loi du 5 Avril 1884, ébauchée seulement par la loi du 24 Juillet 1867 sur les Conseils Municipaux.

La loi du 18 Juillet 1866 énumère dans son article Ier les différents objets sur lesquels les Conseils Généraux auront désormais le droit de statuer définitivement, sauf le droit pour le pouvoir exécutif de suspendre l'exécution de la délibération dans quatre cas seulement, et d'en prononcer l'annulation pour excès de pouvoir ou violation d'une loi ou d'un règlement d'administration publique. C'est la première loi qui ait investi les Conseils Généraux d'un pouvoir propre, mais seulement dans des cas spécifiés, la règle est donc toujours celle de l'approbation.

L'année suivante, la loi du 24 Juillet 1867 vint aussi étendre les attributions des Conseils Municipaux et leur conférer un pouvoir réglementaire dans neuf cas. Mais la décentralisation produite par cette dernière loi, est loin d'être aussi complète que la loi de 1866, car elle donne au Maire un droit d'opposition qui rend nécessaire l'approbation du Préfet lorsqu'il y a désaccord entre le Maire et le Conseil Municipal.

L'opinion libérale se montra peu satisfaite de ces deux lois et surtout de celle du 24 Juillet 1867. De nombreux publicistes réclamèrent l'émancipation complète du département et de la commune. Au mois de

Janvier 1870 une Commission extra-parlementaire fut instituée pour préparer de nouvelles réformes, mais, les événements vinrent bientôt interrompre le cours de ses travaux.

Un des premiers actes de l'Assemblée Nationale de 1871, fut de doter le pays d'une loi sur les Conseils Généraux; elle est allée bien plus loin que ses devancières dans la voie de la décentralisation ; elle porte la date du 10 août 1871 et est encore en vigueur.

Aujourd'hui, les cas dans lesquels les Conseils Généraux sont appelés à statuer définitivement, sauf suspension toutefois, forment la règle au lieu de n'être que l'exception, et parmi les cas qui forment exception, il n'y en a que trois dans lesquels l'approbation de l'autorité supérieure est encore exigée; pour les autres, le Gouvernement n'a que le droit de suspendre l'exécution de la délibération.

L'augmentation de pouvoir des Conseils Généraux et la suppression de l'autorisation pour les affaires départementales, ont été complétées par la création de la Commission départementale, élue par chaque Conseil Général dans son sein, chargée de représenter le Conseil Général dans l'intervalle des sessions, et faisant ainsi de lui un corps permanent.

Antérieurement à la loi sur les Conseils Généraux, l'Assemblée Nationale avait, par la loi du 14 Avril 1871, restitué aux Conseils Municipaux le droit de choisir dans leur sein les Maires et Adjoints, sauf pour les chefs-lieux de département et d'arrondissement et dans les villes de plus de 20,000 âmes, où les nominations étaient faites par le Gouvernement, mais dans le sein du Conseil municipal. Plus tard, une loi du 20 Janvier 1874 était revenue, pour la nomination des Maires et Adjoints, à la tradition de l'Empire, mais elle ne tarda pas à être abrogée par la loi du 12 Août 1876. Enfin, diverses propositions, émanant de l'initiative parlementaire, ont été présentées à la Chambre des Députés, et de l'ensemble de ces travaux il est résulté un projet de loi qui est devenu la loi du 5 Avril 1884, actuellement en vigueur.

Cette loi a refondu, en les codifiant et en les améliorant, les lois antérieures ; elle est conçue dans un esprit d'extension des pouvoirs des autorités locales. Elle établit pour les Conseils Municipaux un système de décentralisation analogue à celui de la loi du 10 Août 1871 sur les Conseils Généraux. Cette loi pose en principe que les Conseils Municipaux ont un pouvoir de décision propre, et que leurs délibérations sont, en conséquence et en règle générale, exécutoires par elles-mêmes ; mais, à ce principe, elle apporte un certain nombre d'exceptions qui se justifient par deux causes : la nécessité de sauvegarder l'intérêt général lorsqu'il se trouve mêlé à l'intérêt communal, et celle d'empêcher un Conseil Municipal de compromettre les ressources de la commune.

Mais la règle est que, pour la plupart des affaires de la commune, le Conseil Municipal prend des délibérations réglementaires, c'est-à-dire exécutoires par elles-mêmes sans approbation du pouvoir central ; il n'y a que dans certains cas limitativement déterminés, où il ne prend que des délibérations soumises à l'approbation de l'Administration supérieure.

La loi du 5 Avril 1884 réserve à l'Administration supérieure le droit que lui conférait la législation antérieure de prononcer la nullité des délibérations des Conseils Municipaux, mais en restreignant ce droit à des hypothèses nettement spécifiées. Au premier abord, il semblerait que ce contrôle ne doit s'exercer que sur les délibérations réglementaires, puisque l'Administration supérieure peut toujours en refusant d'approuver les autres, les empêcher de produire un effet.

Cependant, il est possible que des délibérations n'ayant aucune force exécutoire et même de simples vœux soient émis dans des conditions telles qu'ils constituent une violation flagrante de la loi et qu'il y aurait danger pour l'ordre social de laisser subsister. Aussi, le législateur a-t-il décidé que le pouvoir de contrôle de l'Administration supérieure pouvait s'exercer sur tous les actes des Conseils Municipaux.

Malgré cela, les Conseils Municipaux sont investis aujourd'hui d'un pouvoir propre et la loi de 1884, comme l'a dit le Ministre de l'Intérieur, marque un pas considérable dans la voie des franchises municipales ; elle ne maintient la tutelle de l'Etat que dans la mesure des exigences impérieuses de la souveraineté nationale, de l'unité de la Patrie et des intérêts généraux.

Aujourd'hui donc les Conseils locaux sont investis du droit d'initiative et de pouvoir propre, et l'intervention du pouvoir central ne se fait plus sentir que par l'annulation de certaines décisions illégales ou entachées d'excès de pouvoir, suscesptibles de nuire à l'intérêt général de l'État ou à celui des citoyens ; l'approbation n'étant plus qu'une exception réservée pour quelques cas particuliers.

Dans un autre ordre d'idée, nous retrouvons encore le même mouvement décentralisateur, qui se fait aussi sentir dans les intérêts privés, par des modifications successives qui ont eu pour but de restreindre la surveillance de l'État sur ces intérêts.

Ainsi, l'État intervenait autrefois dans la formation et le fonctionnement de toutes les sociétés anonymes, quel que fût leur capital ; ces sociétés étaient soumises, sans exception, à l'approbation et à la surveillance du Gouvernement. A partir du 23 Mai 1863 la surveillance du Gouvernement ne s'exerçait plus que sur les sociétés anonymes dont le capital dépassait 20 millions ; c'était la consécration du système anglais : sociétés à capital limité, (limited).

Enfin, la loi du 24 Juillet 1867 fit un pas décisif dans

la voie de décentralisation et depuis cette époque toutes les sociétés anonymes, quelque soit leur capital peuvent se former librement.

La règle est donc aujourd'hui la libre formation des sociétés anonymes ; toutefois, deux exceptions doivent être signalées : les sociétés d'assurances mutuelles et les sociétés tontinières, pour lesquelles l'autorisation et la surveillance du Gouvernement sont encore exigées.

Par les modifications successives que nous venons de passer sommairement en revue, nous voyons que depuis 1789 le législateur s'est efforcé d'accroître sans cesse les libertés tant locales qu'individuelles. Aussi, en considérant les immenses progrès accomplis en France dans l'espace de moins d'un siècle, en faveur de la liberté, devons-nous tenir pour certain que la sublime devise, qui brille au frontispice de nos monuments, n'est pas composée de vains mots, c'est pourquoi nous croyons devoir insister sur ces trois mots (LIBERTÉ, ÉGALITÉ, FRATERNITÉ) et nous efforcer de donner une explication philosophique du sens et de la portée de chacun d'eux.

CHAPITRE II

LIBERTÉ, ÉGALITÉ, FRATERNITÉ

Cette imposante maxime, à elle seule, résume tous les grands principes qui doivent présider aux relations des hommes ; et, à ce titre, elle mérite bien, croyons-nous, qu'on lui consacre quelques lignes :

LIBERTÉ

La Liberté a son siège dans cette puissance éminente qu'on appelle la volonté. La Liberté n'est pas le pouvoir de faire ou de ne pas faire, c'est celui de vouloir ou de ne pas vouloir, alors même que la volonté ne serait réalisée par aucune action extérieure. Ce n'est pas dans l'activité extérieure, c'est dans l'activité intérieure de l'âme que réside la Liberté.

L'homme ne peut faire tout ce qui lui plaît, parce que le mal pourrait lui plaire, et que la raison lui défend de faire le mal. Si l'homme était libre en ce sens, la Liberté n'existerait que pour le petit nombre, et la servitude du faible serait le prix de la Liberté du fort.

Être libre philosophiquement, c'est avoir une volonté ; à ce point de vue, tous les hommes sont libres. Si, après avoir voulu ou tenté de réaliser l'objet de son désir, l'homme se trouve arrêté par un obstacle matériel ou par sa propre faiblesse, il n'est pas moins libre. Tout ce qu'il faut dire, c'est que sa force est limitée.

Cette Liberté intérieure, ainsi comprise, est le solide fondement sur lequel repose la Liberté extérieure, d'où va naître le Droit.

Si je suis vraiment un être libre, et si c'est par là

que je me distingue des choses et des animaux, il faut
que je puisse me diriger à mon gré, sans être arbitrai-
rement entravé dans l'exercice de ma Liberté. C'est mon
droit incontestable. Mais, comme chacun de mes semblables est libre ainsi que moi et, par conséquent, a le
même droit, ma Liberté et mon Droit ont nécessairement pour limite la Liberté et le Droit des autres, c'est-
à-dire que je ne puis user juridiquement de ma Liberté
qu'autant que je ne porte pas atteinte à celle d'autrui.
A cette condition, mais à cette condition seule, la Liberté
de l'homme est inviolable.

Le Droit, comme on le voit, ne s'applique qu'aux
relations extérieures des personnes entre elles ; c'est
un rapport entre la Liberté de chaque homme et celle
des autres, d'où l'on peut dire que le Droit est l'ensemble des conditions qui permettent à la Liberté de chacun de s'accorder avec celle de tous. Toute action qui
ne portera pas atteinte à la Liberté d'autrui, sera donc
conforme au Droit, ou sera juste : et toute action qui
ne pourra se concilier avec la Liberté générale, sera
contraire au Droit ou injuste. L'inviolabilité de la Liberté
humaine, voilà la mesure du Droit et de la Justice.

Le Droit apporte donc à la Liberté de chacun certaines limites qui ne doivent pas être dépassées ; mais
ces limites sont tout extérieures et laissent toujours
exister la possibilité de l'abus. Les moyens externes
pour maintenir la Liberté dans ses justes bornes, sont
bien souvent insuffisants ; il faut, en développant la
conscience, élever la Liberté qui s'exerce dans le domaine du Droit à la hauteur de la loi morale ou du devoir, pour constituer l'ordre public sur ses véritables
bases.

Ainsi, le devoir est le seul principe légitime auquel
on puisse recourir quand on veut expliquer le Droit.
Le Droit dérive bien de la Liberté humaine, mais cette
Liberté ne s'appartient pas réellement à elle-même ; elle

appartient au devoir. C'est parce que j'ai le devoir de respecter la Liberté, que j'ai le droit de la faire respecter de vous, et réciproquement ; c'est parce que vous avez le même devoir vis-à-vis de vous, que vous avez le même droit vis-à-vis de moi. Ni vous, ni moi, n'avons d'autre droit l'un sur l'autre que le devoir mutuel de nous respecter tous deux. Tous les hommes sont libres ; à ce titre, mais à ce titre seul, ils sont égaux. Inégaux par tout autre point, par la force, la santé, la fortune, l'intelligence, ils ne sont égaux que par la Liberté. La Liberté seule, comme on l'a dit éloquemment, est égale à elle-même. C'est ainsi que l'idée d'une mutuelle liberté appelle forcément celle d'une mutuelle égalité.

Quand la Liberté est reconnue dans les relations civiles, elle finit par réclamer des garanties et les obtient par la constitution de l'ordre politique. La Liberté civile et politique est un des premiers besoins des Sociétés modernes, une condition d'existence pour les peuples qui se respectent. Sans la Liberté politique, les autres Libertés s'affaissent bientôt, et le Progrès se trouve arrêté.

La Liberté, en relevant l'homme à ses propres yeux et aux yeux de tous, lui inspire le sentiment de la dignité et fait, qu'en se respectant lui-même, il apprend à respecter les autres.

ÉGALITÉ

Que dirons-nous de l'Égalité, cet autre droit inscrit de la main de Dieu dans la nature humaine, et qui n'a pu être monumenté dans nos constitutions qu'après la plus formidable des Révolutions et la régénération complète de notre Société Française ?

« Les hommes naissent et demeurent libres et égaux en droits. Les distinctions sociales ne peuvent être fondées que sur l'utilité commune. » Tel est le premier article de la *Déclaration des Droits de l'Homme et du Citoyen*, votée en Août 1789, et mise à la tête de la Constitution de 1791, comme pour lui servir de prologue. C'est dans cette Déclaration des Droits que se trouvent exposés, en dix-sept articles, les grands principes de 89, qui forment la base de notre droit public, et que notre Constitution politique reconnaît, confirme et garantit. La Liberté et l'Égalité sont, en effet, les conditions fondamentales du droit, et les deux principes les plus chers au cœur de l'homme.

Quant à la seconde partie de l'article, qui établit uniquement sur l'utilité commune toute distinction sociale, le pouvoir ou les privilèges quelconques dont la Société peut honorer ses membres, nous aimons à croire que parmi les citoyens anoblis ou nobles par hérédité, il n'en est plus qui rêvent une noblesse naturelle ou résidant de quelque manière dans le sang.

En effet, « d'une même souche deux hommes pourront naître : l'un vilain, l'autre noble. L'un, comme « la rose, fera le bien autour de soi, et celui-là sera « noble ; l'autre, comme l'épine, blessera ceux qui l'approcheront, et celui-là sera vilain. Si tout ce qui procède du noble héritait de sa noblesse, les animaux « qui habitent sa chevelure et les autres superfluités « qui s'engendrent en lui s'anobliraient à leur manière : « *pediculi et aliæ superfluitates, quæ à nobilibus generantur, essent nobiles.* (St-Thomas d'Aquin). » (1) Il est beau de n'avoir pas failli aux exemples de nobles ancêtres, mais il est beau surtout d'avoir illustré une humble naissance par de grandes actions.

L'humanité, dans sa marche progressive a vu s'a-

----

(1) Nous citons ici ce passage, persuadés que ceux qui pourraient être disposés à combattre nos idées, ne sauraient suspecter les paroles de ce célèbre théologien, issu d'une des plus nobles familles du XIIIe siècle : celle des comtes d'Aquin.

doucir successivement la condition des opprimés et des malheureux, et les moyens d'une amélioration plus grande dans l'avenir sont devenus plus faciles et plus nombreux. Le paupérisme, la dernière forme de l'inégalité des hommes tend à s'amoindrir chez nous de jour en jour, et l'État prend sans cesse des mesures directes ou indirectes pour assurer à tous ses membres l'existence matérielle et morale qui convient à un peuple libre.

Ainsi, aujourd'hui ces deux principes fondamentaux: LIBERTÉ, ÉGALITÉ, principes dont le second dérive du premier comme son corrollaire, comme une conséquence naturelle et nécessaire, sont fermement établis dans notre Droit.

FRATERNITÉ

Quant à la Fraternité, elle n'est point du domaine du Droit, elle appartient à la Morale. Nul n'a le droit de dire à son semblable : sois mon frère, parce que les devoirs purement moraux ne peuvent être rendus matériellement obligatoires. L'homme peut recourir à la force pour faire respecter son Droit, mais, il ne peut pas imposer à un autre un sacrifice quel qu'il soit.

Cependant le respect du Droit où la Justice n'est qu'une des faces de la morale sociale, et nous ne remplirions pas tous nos devoirs envers nos semblables, si nous ne joignions pas à la Justice la pratique de certaines vertus, qu'on ne saurait exiger de nous au nom du Droit, mais qui sont prescrites par la morale et qui se résument par ce beau nom: FRATERNITÉ. Pour avoir un état social parfait, il faut donc que sur le même sol où règnent la Liberté et l'Égalité, ces deux droits, fleurissent aussi toutes ces vertus qui n'ont plus pour principe la stricte justice, mais l'amour de l'humanité; c'est au nom de ces deux principes que s'est accomplie la Révolution Française.

La Liberté ne suffit pas à la Société, car elle mène à l'individualisme, à un individualisme exagéré. Le propre de la Liberté est de discerner le Droit de chacun, de le proclamer, de l'armer ; de sorte que dans un État libre où le lien social n'est pas puissamment renoué par le dévoûment et par l'esprit national, l'individu est presque tout, et la Nation est effacée.

Aussi faut-il bien se garder de réduire la fonction du Gouvernement ou de l'État à la seule protection des Droits. L'État doit veiller au bien-être des membres qui le composent, il doit développer leur intelligence et fortifier leur moralité, c'est ainsi qu'on tendra à égaliser les inégalités inévitables que l'on rencontre dans la nature et dans la Société.

En résumé, la LIBERTÉ et l'ÉGALITÉ, c'est le DROIT ; la FRATERNITÉ, cette vertu supérieure, si pure et si précisément belle, parce qu'elle est dépourvue de sanction, c'est le DEVOIR.

Tonnerre. — Imprimerie G. ROY, 4, rue de l'Ancien-Collège